献给我的家人：哈罗拉、伊恩、妮科尔、卡罗琳。

——桑格玛·弗朗西斯

致安娜·松崎。

——罗穆卢斯·迪波利托

浪花朵朵

AMAZON RIVER

亚马孙河

[英]桑格玛·弗朗西斯 著   [巴西]罗穆卢斯·迪波利托 绘   王建明 译

海峡出版发行集团
THE STRAITS PUBLISHING & DIBLISHING GROUP | 海峡书局

目 录
CONTENTS

引言

在南美洲安第斯山脉的高处，一滴水珠从地面冒出。它与更多的水珠汇聚成小股溪流，沿着山脊一路向下。然后，它汇入更大的溪流，在茂密的森林里蜿蜒穿行。最终，在跋涉了数千千米之后，它流入了大海。

这是一个始于毫末、终至宏大的故事！亚马孙河是一个奇妙的地方，这里有粉红色的亚马孙河豚，有被误认为是美人鱼的海牛，有吃肉的鱼，还有浮在水面的草甸。这是一个关于水体的故事，这个水体连接着周围庞大雨林里的每一个微小个体，这里是地球上生物多样性最丰富的地方。就像一滴水一样，我们将一起浸入、流淌、撞击或滑落到书中的每一页，去见识那些用不同的方式利用这条河的野兽、昆虫、树木和人类，发现这条河及其周围一切的重要性。

欢迎来到这座大自然的宫殿。

从源头到大海

多大才算大

亚马孙河是世界上流量最大、流域面积最广的河流。它横跨8个国家，全长约6400千米。它的两岸生长着世界上最大的雨林，这些雨林贪婪地吞咽着这里的河水。

委内瑞拉

哥伦比亚

苏里南

圭亚那

玛瑙斯

厄瓜多尔

秘鲁

马丘比丘

玻利维亚

*注：本书插图均来自原版书。

10

北美洲

大西洋

南美洲

太平洋

法属圭亚那

亚马孙珊瑚礁

河口

乌拉若岛

巴西

亚马孙河流域

　　一个水系的**干流**和**支流**所流过的整个地区叫作流域。亚马孙河流域是世界上最大的河流流域，其面积约 700 万平方千米。在如此辽阔的土地上，不同地区的水会呈现出巨大的差异。不同类型的水对于不同的花鸟、树木、昆虫、鱼类和哺乳动物具有不同的吸引力。

- 亚马孙河
- 亚马孙河流域
- 支流
- 国家

支流

　　河流通常由很多水量较小的支流组成，这些纵横交错的水道构成了河网。亚马孙河有 1100 多条支流，这些支流都流向干流。支流可以是那些离远了就看不清的小溪流，也可以是本身水量很大的河流。

它源自何处

　　很久之前，探险家们试图沿着亚马孙河的河岸一直走，直到找到它的**源头**。如今，我们可以利用卫星绘制出整个亚马孙水系。然而，我们至今仍然无法确定它的源头在哪里。这不仅仅是因为亚马孙河很大，还因为人们对什么是一条河的源头有不同的看法。有人认为可以通过第一条汇入的水流来界定一条河的源头，还有人认为要用第一条常年汇入而不断流的支流来界定。而因为不少水流在夏天会断流，所以亚马孙河的源头至今依然存在争议。

水，水，水

亚马孙河是淡水河。淡水对生命至关重要。没有淡水，植物会枯萎，人类也将无法生存。淡水是地球上最神奇的存在之一。它可以结成冰，正如北极的冰层和世界各地的冰川。它可以受热蒸发，最后凝聚成富含水蒸气的云层。它能以地下湖的形式存在于岩石或土壤之下。历史上几乎所有的大城市都是依水而建的。但是地球上只有3%的水是淡水，其余97%的水则是来自海洋的盐水。

水的类型

亚马孙河的河水可以分为三种类型：清水、白水和黑水，区别在于它们所携带的化学物质和微粒不同。

清水

清澈的清水从南美洲圭亚那地盾（地台中大面积基底岩石出露的地区）古老的岩石上流过，有时候水流极快，飞流直下形成瀑布，有时候激流勇进，形成打转的漩涡。

黑水

　　这种水搅动翻腾着，缓慢地从森林中穿过，速度之慢，有时甚至看不出它在流动。叶子飘落水中并在水底腐烂，把水变成了如巧克力一般的颜色。黑水不像其他类型的水那样携带很多的营养物质，而且它的酸性很强。

白水

　　白水有点浑浊，呈土黄色，看起来像流动的焦糖。这种颜色来自流动的沉积物，如岩石碎块、泥沙，以及安第斯山脉被侵蚀后产生的矿物质。

水循环

水在地球上不断地循环流动。除了河流、海洋、湖泊等，它还在空气中运动。水的这种运动被称作**水循环**，这是一个自然的循环过程，已经持续了几十亿年。你喝的水也许曾经被恐龙喝过！你的周围不可避免地正在发生着水循环。

2.成云

水蒸气遇到冷空气会冷却，重新变成微小的水滴，并凝结成云。这一过程被称为**冷凝**。

1.蒸发

海洋和陆地上的水被太阳辐射加热，从液态变成气态。这些气态水被称为水蒸气。水蒸气会上升到空中，就像从开水壶冒出的蒸气一样。

3.降落到地表

云中的水滴不断凝结并变大，最终变成够重的水滴降落至地球表面，这就是降水。降水有雨、雨夹雪、雪、冰雹等多种形式。

4.回归大地

降水会渗入地下或者回到海洋。它们滋养了植物、动物和人类。之后，新一轮的水循环又会重新开始。

会呼吸的树木

河流沿岸的花草树木可以获得充足的水分，供自己生长所需。它们通过呼出水蒸气（**蒸腾作用**）参与到水循环中。亚马孙河流域每天能向大气中释放约 30 万亿升的水。

瀑布

　　瀑布是从河床纵剖面陡坡或悬崖处倾泻下来的水流。它们通常是在河水从软岩层流向硬岩层时形成的。软岩层在遭到水流侵蚀后会留下一个陡坡，河水从那里翻滚跌落。瀑布还会出现在地球表面的裂缝处，这些裂缝大多由地震、山体滑坡、冰川作用和火山爆发等造成。

漩涡

　　漩涡指绕着某一中心点急速旋转的螺旋形水涡。当两股水流相遇或水流撞击到障碍物时，通常会形成漩涡。在河流中，形成漩涡的障碍物可能是一个突出的沙坡，也可能是流向不同方向的水流。能把物体吸到水下的漩涡叫作涡流。

旋转，翻腾，跌落

在地势较高的地方，河流通常流速更快。水流的变化取决于天气，比如降雨，以及能让冰川融化的高温。在回旋打转的河水中，航行变得非常困难。有时候，沉船也就是几分钟的事情，尤其是在水很浅且布满锋利岩礁的河里。

急流

急流是在河流中快速流动的水流，湍急汹涌。急流在浅滩中最常见。浅滩中有大量的岩石，水流在其中拍打回旋。急流会从空气中截留很多氧气，这让那些靠鳃呼吸的鱼大大受益。

峡谷

峡谷是河流经过的深而狭窄的山谷，两旁有峭壁。它们一般是由河流对岩石长时间侵蚀而形成的。地震等地球表面的大型地质运动也会形成峡谷。

三种河

　　亚马孙河并不是滋养其周围土地的唯一河流。亚马孙河流域有三种不同类型的河流，其中的两种河流也许远超你的想象：一种是深藏在地下的地下河，就在你能看到的河流的下面；另一种则是"流淌"在河流上方的空中河流，划过天空，朝与地表河相反的方向流动。

空中河流

亚马孙雨林中的植物从土壤中吸收水分，在阳光照射下，植物体内的水分以水蒸气的形态散失到大气中。大量的水蒸气形成大雾从雨林上方升起，形成了一条飘向山间的空中河流。它们最终以降雨的方式又落回亚马孙河流域及更远的地方。

地表河

这是一种你能看到的河流。地表河由降水和附近山脉的冰雪融化形成。亚马孙河是发源于安第斯山脉的地表河。安第斯山脉是世界上最长的山脉，绵延约 8900 千米，是南美大陆的脊梁。它拥有世界上约 90% 的热带冰川（缓慢移动的冰河）。

哈姆扎河

在亚马孙地区地下 2000—4000 米处，流淌着一条地下河，被称为哈姆扎河。哈姆扎河长约 6000 千米，几乎与亚马孙河一样长。它的宽度为 200—400 千米，比亚马孙河要宽得多。科学家在观测雨林中的人工探井时发现了这条河。

被淹没的森林

在雨季，热带大雨会让河水暴涨。南美洲各地的雨季开始时间各不相同。河流的水位就像脉搏一样，一年四季不断地上涨和回落。在水位最高的时候，河流的宽度可达约48千米。而在旱季，动物们则不得不从森林中出来，才能从近乎干涸的河中喝到水。

水下的树

被黑水淹没的森林在古图皮语中叫作"Igapó"，意思是"根森林"。在某些地区，树木一年中会有 6—8 个月的时间被淹没在水中，有时候水深可达 6 米。穿行其间，你也许只能看到树冠，它们看上去就像漂浮在水面上的绿色云朵。树木必须适应这种严酷的环境才能生存。为此，有些树木长出了能够保持稳定的支撑根（露出水面的粗大的根），有些树木则长出了向空中延伸的气根。它们的种子在水中也可以存活很久，而不像其他植物的种子在这种环境下早就腐烂了。

种子传播者

洪水季正好也是树木开花的季节。树木的种子会被动物吃掉，然后随着动物传播到下游。侏儒狨猴就是这样的一种动物。这种小型的猴子喜欢喝树木的汁液，吃树上的坚果和水果。

花田

雨季，白水河会泛滥，形成很多洪泛区。洪泛区富含营养物质。当土地被河水淹没时，各种类型的植物露出水面，形成漂浮的草甸。这些是有部分根系扎在土壤中的厚厚植物垫层，它们浮在水面上，随波漂动。一旦开始生长，这些植物的领地在短短两周内就会扩大一倍。

凤眼莲

大藻

白雀稗

多穗稗

王莲

王莲生长在洪泛森林里。它的叶子又大又厚，直径可达约3米。叶子的上表面有一层蜡质，可以防水；下表面则有锋利的刺，可以保护它不被鱼类啃食。叶片和叶脉中有许多充满气体的空腔，能够大大增加叶片的浮力。王莲花只在夜间开放。

河口

　　浑浊的河水从距离巴西海岸150千米的**河口**冲出，然后汇入大海。如果一个水手用手捧起这里的水尝一尝，就会发现它并不是咸的。亚马孙河每秒向海洋灌注约22万立方米的淡水，其全年入海水量占全世界所有河流入海总水量的五分之一。亚马孙河口处有一座巨大的岛屿，以及一些小沙洲和红树林。它是世界上最大的河口。

珊瑚礁

河口

鱼

马拉若岛

马拉若岛

马拉若岛是世界上最大的冲积岛。它由从安第斯山脉冲刷下来的泥沙沉积而成。它的面积比某些欧洲国家还大，岛上覆盖着茂密的森林和热带稀树草原。

每年雨季，半个岛都会被洪水淹没，但这里野生动物的数量依然令人震惊。岛上生活着约 400 种鸟类和约 100 种哺乳动物，包括美洲豹和水牛。

涌潮

亚马孙河口拥有世界上最著名的**涌潮**。它也被称为河口潮，每年春季涨潮之前都会席卷而来。涌潮会产生快速逆流而上的潮波。涌潮的时速高达 25 千米，浪高可达 4 米，沿河上溯可达约 800 千米。冲浪爱好者们每年都会聚集在这里，在涌潮中冲浪。

珊瑚礁

亚马孙河口处有一片巨大的珊瑚礁，其面积达 9300 平方千米，深度超过 60 米。这里生活着各种奇特的不同颜色的鱼、小型海洋蠕虫、海星和巨型海绵。珊瑚通常只生长在海水中，而亚马孙河口因为河水稀释，这里的水含盐量比正常海水低，因此当科学家们发现这里生长着珊瑚时感到非常惊讶。

河里及河岸边的野生动物

沿河生态系统

一个**生态系统**就像一个微小的环境，生物和非生物在其中协同工作。生物主要是植物和动物，它们相互依存。非生物则可能是土壤、水或者气温。亚马孙河流域的动植物经过漫长的演化，已经能够很好地适应这里的生态系统。如果一个物种（如某种植物）**灭绝**了，那么以它为食的动物将难以生存下去。这会导致生态系统变得非常脆弱。

食物网

亚马孙河流域是世界上**生物多样性**最丰富的地区。生活在河流中或者河流沿岸的动物都是食物链的一部分，这些食物链又相互连接，构成一个食物网。食物网能够清晰地展示每一种生物是如何依赖其他生物生存的。正如世界上所有的食物网一样，亚马孙河流域的食物网也由四个不同的部分组成。

1.植物

生产者是那些为其他生物提供食物的生物。在亚马孙河流域，这些生物包括树木、草、芦苇，以及凤梨花之类的花。

2.食草动物

初级消费者是那些以植物为食的动物。在亚马孙河流域，这类动物包括金刚鹦鹉、巨嘴鸟、猴子、鱼类、刺豚鼠、树懒以及昆虫。

3.大型食肉动物

次级消费者（或捕食者）是那些吃食草动物的动物。这类动物包括苍鹭、河豚、美洲豹、蟒蛇等。

4.食腐生物

分解者是那些分解死去的生物和生物排泄物的细菌、昆虫和真菌。它们回收其中的营养物质，以供植物再利用。

两栖动物

两栖动物（Amphibian）在希腊语里是"两种生命"的意思，指那些在水中长大，成年后离开水体生活的生物。这类动物长大后也不能长时间离开水，幸运的是亚马孙雨林中有足够多的水。亚马孙河流域生活着约400种两栖动物。

箭毒蛙

这类小型动物有着鲜艳的颜色，是世界上毒性最强的动物之一。一只箭毒蛙身上的毒液就足够杀死 10 个成年人。它们的毒液常被当地人涂抹在打猎用的飞镖和弓箭上，这也是它们名字的由来。

透明蛙

透明蛙的腹部皮肤几乎是透明的，这使得其内脏和骨骼结构一览无余。这种透明的皮肤能让它们与周围的环境（比如大大的叶子）融为一体，巧妙地躲过捕食者的追踪。

蝾螈

蝾螈可以用蹼状的脚轻松地爬到树上。大多数蝾螈都通过皮肤和肺呼吸，但也有许多蝾螈没有肺，完全靠皮肤和口腔内膜呼吸。

奇异多指节蛙

这种青蛙因其奇怪的生长特性而得名。它们的蝌蚪体形是成年蛙的 3—4 倍大。

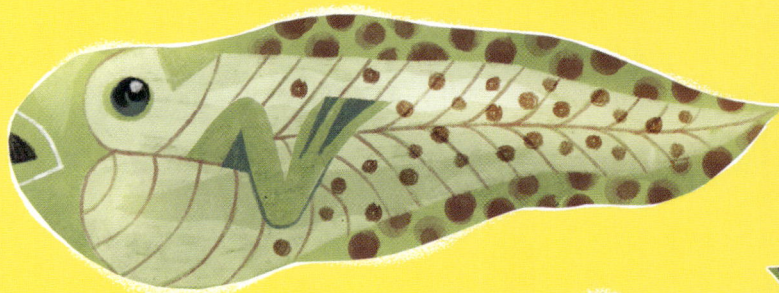

爬行动物

　　蛇、蜥蜴、鳄鱼和龟都是爬行动物。这类动物是冷血动物，需要阳光来保持体温。它们有像铠甲一样的鳞片，绝大多数是卵生动物。爬行动物是世界上最古老的生物之一，恐龙就是爬行动物。亚马孙河流域共有300多种爬行动物。

蜥蜴

　　生活在亚马孙的蜥蜴体形大小各异，有像壁虎那样小的，也有像凯门蜥那样大如鳄鱼的。蜥蜴在游泳时会不断摆动躯体和尾巴，同时将四肢紧紧地贴在体侧。

凯门蜥

绿鬣蜥喜欢在树冠上或者水边晒太阳取暖。
它们是速度很快的攀爬能手，
也是自信的游泳健将。

蛇

　　这类滑行前进的动物或者盘在高高的树上，或者爬行在草丛中，或者游入水中，从而捕食猎物。蛇是食肉动物，它们会用各种手段杀死猎物。它们吃鱼、鸟类、蜥蜴、小型啮齿类动物，以及它们的同类。

亚马孙珊瑚蛇以鱼类为食。
它的毒液极其致命，
可以让猎物立即死亡。

龟

亚马孙河是 45 种淡水龟的家园。龟是杂食性动物，它们吃植物，也吃虾等小动物。

巨型侧颈龟是世界上最大的龟之一。它不像其他多数龟类那样能将头和颈部都缩进壳内，它在将头缩入壳中时，颈部向一侧弯曲留在壳外。

黄头侧颈龟

凯门鳄

凯门鳄是鳄鱼家族的一员，它们生活在沼泽和河流中。它们的眼睛露出水面，时刻保持警惕，身体则低躺在水下伪装起来。它们不用四肢游泳，而是依靠强有力的尾巴摆动前进。亚马孙河流域共有 6 种不同的凯门鳄。

钝吻古鳄（最小的凯门鳄）

巴拉圭凯门鳄

眼镜凯门鳄是最常见的凯门鳄。它的眼睛前端有一条横骨，看上去很像一副眼镜。这是为了更好地看清周围环境。

鱼类

亚马孙河拥有数量惊人的鱼类，它们形状各异，大小不一。亚马孙河共有约3000种鱼类，其中约2000种是这里的特有种。当一种动物被描述为"特有种"的时候，意味着只能在某个特定的地方找到它们。

电鳗

电鳗潜伏在浑浊的水流中或者泥泞的河底。这类滑动前进的鱼实际上并不属于鳗鱼，它们与鲇鱼或者刀鱼的亲缘关系更近。它们条状的身体可以长到 2 米长，五分之四的身体都有放电器官。电鳗放出的低压电流可以帮助它们在漆黑的水中找到方向，放出的高压电流可以击晕猎物。它们捕食小鱼、青蛙、蟹，甚至小鸟等。电鳗需要呼吸空气，它们时不时会浮到水面大口吸氧。

珍珠魟

这种鱼身体扁平，长相奇特。它们贴着河床游动，会把自己埋进沙子里。它们的眼睛长在头顶上，这让它们在隐藏自己的同时，还能看到水中发生的事情。它们的嘴长在身体下侧，可以更好地从河底取食。它们的尾巴上长着锋利的毒刺，可以用来保护自己。它们的身体结构中没有一根硬骨，都是柔韧的**软骨**。说了也许你不信，它们可是鲨鱼的近亲！

食人鱼

　　食人鱼也叫食人鲳、水虎鱼，是生活在南美洲的食肉鱼类。亚马孙河流域分布着20多种食人鱼，其中包括著名的红腹食人鱼，这种食人鱼有着尖锐的牙齿和强壮的下颌。食人鱼成群捕食，每群由50—100只鱼组成，它们会轮流用剪刀一样的利齿啃食猎物。虽然食人鱼会被血腥味吸引，有时还会进行疯狂捕食，但它们并不经常捕杀猎物。只有在周围食物短缺时，尤其是旱季被困在水位下降的水塘中时，才是它们最凶狠的时候。

素食食人鱼

红腹食人鱼

吃素的食人鱼

　　并非所有食人鱼都具有威胁性。有些食人鱼只喜欢啃咬与其个头相近的鱼的鳞片，还有一些则是完全的素食主义者。素食食人鱼喜欢吃水果。每年的洪水期也是很多种水果的成熟期，大量水果落入水中，被食人鱼啃食。水果种子在食人鱼体内消化很慢，在被排出体外前，它们就已经被带到了很远的地方。除了素食食人鱼，还有至少150种吃水果的鱼，它们生活在南美洲的湿地中，能够帮助树木传播种子。

水生哺乳动物

哺乳动物是温血动物，长有毛发和脊椎，大多数为胎生。人类属于哺乳动物。狗、猫、豹、啮齿类动物等也是哺乳动物。亚马孙河是很多水生哺乳动物的家园，其中有些物种是在世界上其他地方找不到的。

巨獭

巨獭直立可达 1.8 米高。它们大多生活在小溪附近。巨獭有蹼状的脚，可以帮助它们在游泳时划水。它们能在潜水时关闭耳孔，其皮毛也有防水功能。野生的巨獭经常遭到猎捕。目前，它们是濒危物种，面临灭绝的危险。

亚马孙河豚

这种河豚通常体色粉红，有着长长的喙、瓜形的脑袋和胖乎乎的脸颊。它们拥有两种不同的牙齿，前部的牙齿呈立锥状，后部的牙齿较平并有细小的尖锐突起。当河水泛滥时，偶尔能看到它们在被河水淹没的树干间穿梭。

水豚

水豚是世界上体形最大的啮齿类动物，体长可达 1.25 米以上。它是一种半水生动物，生活在河边、湖边和沼泽四周的密林中，在一些稀树草原上也可以见到它们的踪迹。这种可爱的动物会游泳和潜水，能在水下停留 5 分钟以上。它的英文名 capybara 源自图皮语，意思是"吃细叶者"。

亚马孙海牛

亚马孙海牛体形硕大，身体呈纺锤形，头部呈圆形，嘴上长满刚毛，像河马一样。尽管拥有惊人的体形和体重，但它们却是很温顺的动物，会在温暖的、水流缓慢的河流中游泳。亚马孙海牛是唯一不能生活在盐水中的海牛。它们是食草动物，但只吃水生植物，一生都在吃饭、睡觉和迁徙中度过。它们只能在水下停留 3—5 分钟，之后必须马上浮出水面呼吸。长期以来，海牛一直因其优质的皮肉和脂肪而遭到人类猎杀，如今已成为河流中的稀有物种。

在急流中生存

在高山地区，河流湍急而寒冷，但这里的**动物群落**和**植物群落**都很好地适应了河流系统中这一恶劣的生存环境。虽然很少有生物能在这些水域中生存，但那些能存活下来的生物自然就独享了水中的营养物质。

石蛾

石蛾是一种离水而生的昆虫，但为了安全它们会把卵产在水中。石蛾的幼虫长有类似钩子的结构，可以紧紧抓住岩石。

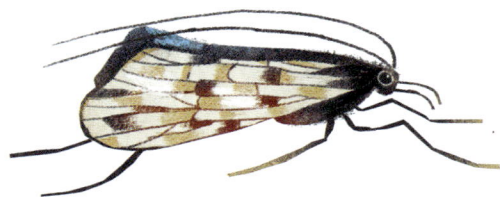

下口鲇

下口鲇生活在安第斯山脉水流湍急的河流中。它们能用嘴紧贴住岩石，甚至能在瀑布中往上攀爬。

白顶河乌

白顶河乌是一种黑白相间的鸟类，生活在湍急的山间溪流附近。它们主要以水生昆虫的幼虫及其他小型水生动物为食，也会利用强壮的腿和锋利的爪子捕食小鱼。

黄体短平口鲶

黄体短平口鲶是游泳健将，它们可以沿着亚马孙河进行长距离迁徙。雌鱼会在亚马孙河口找到配偶，然后回到安第斯山脉山脚的河流中产卵。当时机来临，它们就会逆流而上拼尽全力到达产卵地。这段旅程可能会花费它们两年的时间。

水中巨兽

在河里和河流沿岸，总有掠食者在潜近、游动和觅食。亚马孙河里生活着很多出色的猎手，其中一些体形异常庞大，如亚马孙森蚺、黑凯门鳄等，它们以其自身优势成为环境中的生存强者。

亚马孙森蚺

亚马孙森蚺重可达250千克，是世界上最大、最重的蛇。它在水中滑行，可利用自身的力量和体重捕获猎物。亚马孙森蚺是巨蟒家族的一员。它能用身体紧紧地缠住猎物，压碎猎物的骨头，挤出猎物体内的空气，然后将其整个吞下。

38

美洲豹

美洲豹是一种不怕水的猫科动物，多在河边活动和捕猎。它是南美洲最大的猫科动物，拥有强大的咬合力。它的牙齿可以咬碎龟类的壳，舌头上布满了尖锐的钩状肉刺，可以把猎物的肉从骨头上剥下。

黑凯门鳄

凯门鳄皮肤干燥，长有鳞片，多在陆地上产卵，主要分布在美洲南部和中部。黑凯门鳄是体形最大的凯门鳄，体长可达 5 米。它的眼睛和鼻子都长在头顶上，这使其在将身体隐藏在水中的同时，可以把眼睛和鼻子露于水面上，以此保持观察和呼吸。

巨骨舌鱼的传说

∞

在亚马孙河流域的乌雅思部落，流传着一个传说，主人公是一位勇敢但残暴的勇士，他因为傲慢而惹怒了众神。他是酋长的儿子，但他对猴子、蜘蛛、鸟，甚至**原住民**都非常残忍。众神愤怒于这个年轻人的所作所为。于是，在他外出捕鱼时，雷神施法震裂了天空，雨神抖落斗篷，让河流掀起巨浪。但那个年轻人却毫不畏惧，还嘲笑众神的警告。他的傲慢招致了众神愤怒的报复：他被一道闪电击中，然后坠入了河流深处。在那里，他变成了一条大黑鱼，只能永远地在河水里游荡。后来，它被称为"巨骨舌鱼"。

古老的巨型淡水鱼

巨骨舌鱼能长到约3米长，是世界上最大的淡水鱼之一。它也是世界上最古老的物种之一，最早出现于约2亿年前的侏罗纪时期，外貌至今几乎没有变化。它可以跃出水面，利用自身的体重把渔民撞下船。它的鳞片像铠甲一样厚，但又极具柔韧性，这让它可以在布满食人鱼的水里畅游。它以植物、甲壳类动物、大型鱼类以及鸟类为食，会用其骨化的舌头和锋利的牙齿嚼碎猎物。不过，与大多数鱼类不同的是，它需要经常浮出水面，以呼吸空气。它生活在靠近水面的地方，上浮呼吸时会发出轻微的咳嗽声。

热带雨林里的原住民

古代文明

　　从上一个冰河时代算起，亚马孙河流域已有约1.2万年的人类活动历史。在欧洲**殖民者**到达美洲大陆之前，美洲文明被称为前哥伦布文明。**考古学家**认为，亚马孙雨林里曾一度生活着多达500万人。为了追溯人类曾经生活于何处，以及他们是如何生活的，我们需要对遗留下来的线索进行研究。这些线索可能是骨头、建筑物、工具或者装饰物。在丛林中还有另一条线索，那就是树木。

亚马孙巨石阵

　　在巴西雨林的深处，人们发现了一个巨大的岩石圈。有些人把它称作亚马孙巨石阵。据说它已有约 1000 年的历史。目前还不清楚它为何而建，但考古学家在附近的地下发现了一个骨灰瓮，据此推测这可能是一个墓地。

地画

随着越来越多的热带雨林被砍伐，成千上万幅历史地画显露出来。地画是一种巨大的人造图案，有一些地画是用石头或泥土堆砌而成的。

阿萨伊浆果
（巴西莓）

桃椰子

森林果园

研究热带雨林的考古学家发现，这里能长出可食用果实的树木比他们想象的要多。这意味着过去人们一直有食用果实的习惯，并保留了它们的种子进行培育。除了可口的阿萨伊浆果、巴西坚果和可可果，这里还有桃椰子树等树木，它们的叶子可以用来编织绳子。

可可果荚

巴西坚果

印加帝国

在1532年西班牙入侵者到来之前，印加帝国已经统治了南美洲将近一百年。印加人以其高超的建造技术而闻名于世，他们非常擅长修建水渠和城市。他们把城市建在高处，那里山势陡峭，树林茂密，同时还有大片的平原。首都库斯科坐落在山谷中，被安第斯山脉环绕，印加人在那里修建了太阳神庙。库斯科的南边是印加人的神圣山谷，他们在那里用古老的人工池生产食盐。印加帝国的最高统治者被称为"太阳之子"。

直到今天，考古学家仍在不懈地发掘隐藏在山林中的印加城市。他们还发现了古代水渠的遗迹。印加人凿山开路，使用简陋的工具在悬崖峭壁上开凿水渠，将河流引入城市。这些水渠把水引入浴室、蓄水池和农田，以便人们在缺水的地方也能生活和耕作。

马丘比丘

马丘比丘是印加帝国的一座城市，建在距离乌鲁班巴河面约2400米高的山脊上。印加人是技术高超的石匠，这座城市就是他们一手打造的石雕杰作。他们将巨大的岩石精雕细琢，让它们能够完美地拼合起来。他们先找到岩石的天然裂缝，再用简单的工具把岩石砸开，然后用水和木头填充裂缝。木头吸水后膨胀，裂缝就会加深，此时他们便可以将巨大的石块进一步打碎，从而进行精细化打磨。

由于印加帝国疆域非常辽阔，所以可能还有很多印加遗迹隐藏在山林之中，至今未被发现。

征服和黄金

16世纪初，欧洲人乘船来到南美洲。这些来自西班牙和葡萄牙的入侵者被称为"**征服者**"。他们非常残暴，对当地的原住民发动了战争。最终，一个名叫弗朗西斯科·皮萨罗的西班牙人带领军队摧毁了印加帝国的统治，占领了这片土地。

水路

如果你不知道如何应对亚马孙雨林复杂的环境，就深入其中，那将非常危险。雨林中没有道路，所以你必须穿过布满荆棘的丛林才能前进。河流是最容易通过的道路，征服者们就是利用河流四处活动的。

48

黄金国

皮萨罗听闻，在秘鲁的丛林深处，隐藏着一座黄金遍地的城市。有传闻说，那里的人们把这种贵金属扔进湖里，他们的国王甚至每天早上都用金粉涂抹全身。这个地方被称为"黄金国"。这个关于黄金和财富的故事让这些新来的入侵者兴奋不已。皮萨罗和他的部下开始寻找这座城市，但过程中危险重重，最终他们一无所获。

橡胶狂潮

入侵者同样注意到了这里的橡胶树。在橡胶树的树皮上切一个小口子，就会有乳白色的液体缓缓流出。这种物质被称为"天然胶乳"，用硫黄将其硫化后可制成结实、有弹性的橡胶。在 19 世纪 30 年代，这种材料引起了很多公司的注意，他们兴奋地摩拳擦掌，畅想着可以用橡胶发财致富。令人遗憾的是，这场橡胶狂潮夺去了很多人的生命，也毁坏了大片森林。

亚马孙河名称的由来

亚马孙河是由一位名叫奥雷利亚纳的西班牙征服者命名的。在与当地的部落交战后，他在写给家里的信中描述了那里强壮的女战士。她们让奥雷利亚纳想起了古希腊神话中勇敢无畏的亚马孙女战士。今天看来，他当时遇到的应该是塔普亚人（巴西中部的原始部族）。

启发灵感的亚马孙雨林

　　亚马孙雨林的神秘启发了一代又一代的科学家和艺术家。尽管已经研究多年，但对科学家来说，亚马孙地区仍存在许多未解之谜。这里拥有世界上一半的热带雨林，拥有地球上至少 10% 的动植物物种。然而，雨林的茂密程度以及在雨林里迷路的概率（树冠覆盖面积比西欧的面积还大！），让我们只能去猜测还有多少未被发现的物种。为什么研究自然界很重要？因为它可以告诉我们有关演化的信息，提供新的药材，让我们对地球的未来有更好的预判。

雨林探险

　　如果要去雨林探险，你必须做好充分的准备。你需要备好防晒霜、充足的水和一顶能防虫的宽檐帽。尽管雨林里很热，但你最好穿长衣长裤，以避免皮肤裸露在外。你还需要一双结实的鞋子，配上高筒袜（防止脚踝被咬伤），一件轻便的防水外套，以及足够的防蚊喷雾。当然，还要带上你工作所需的设备。千万不要落下任何东西！

植物学艺术家

玛格丽特·米（1909—1988）是一位来自英国的植物学插画师，她曾先后 15 次深入亚马孙河流域探险。她可以绘制出非常细致的植物画像。她在探险中发现，跨亚马孙高速公路的修建给亚马孙雨林造成了巨大破坏。于是，她下定决心，一定要让公众注意到这一点。玛格丽特用她的艺术作品唤起了国际社会对亚马孙以及保护亚马孙重要性的关注。如今，很多摄影师、电影导演、作家和声音艺术家都向人们展示了亚马孙野生生物之美，以及它们所面临的危险。

观测与考察

亚马孙高塔观测站高耸在雨林上空，来自巴西和德国的科学家在这里进行相关研究。他们利用观测站收集各种信息，并试图寻找一些问题的答案，比如：森林和水循环是如何联系在一起的？它们是如何受到温室气体和气候变化的影响？另一种收集信息的方式是深入雨林，进行科学考察。很多科学考察都发现了新物种，比如一种能像蜥蜴一样爬行的蟾蜍，这是一种身上长满疣粒的小动物，它不能像青蛙那样跳跃，但能快速奔跑。还有一种新物种，它是一种 8 厘米长的鱼（*Apistogramma kullanderi*），它的身体像彩虹一样五颜六色，生活在与外界隔绝的瀑布中。

原住民

亚马孙地区有400多个原住民部落，每个部落都有自己的语言、文化和习俗。他们在亚马孙过着远离城市的传统生活。很多原住民从小就学习钓鱼和打猎。他们能够非常熟练地将植物制作成食物、工具和药物。

最大的和最小的

亚诺玛米人是亚马孙地区最大的原住民族群，人口约 3.5 万人，他们过着相对与世隔绝的生活。最小的原住民部落只有一个人，这个人一生都拒绝与外界接触。亚马孙地区的很多部落都是与世隔绝的，这意味着他们没有与雨林外的人交流过，很多原住民也并不想这么做。

保护地

亚马孙原住民部落需要依靠森林才能生存。森林是他们的家园，也是他们的生活方式。为了保护原住民居住的森林，当地政府建立了被称为"国家公园"的保护区。但国家公园的数量远远不够，原住民还经常与伐木工产生冲突。一些伐木工会非法砍伐树木或者焚烧森林，使这里的动植物遭殃。

仪式

每个部落都有自己独特的庆典、仪式和着装方式。卡亚波人有一个专门为儿童举行的仪式，叫作"Bemp"。在这个仪式上，儿童会被授予他们祖先的名字。年长的人会戴上扇形的羽毛头饰，这个头饰代表他们眼中的宇宙。卡亚波人还以他们独特的身体彩绘而闻名，女性通常会在身上涂上红色和黑色的彩绘。卡亚波人有穿耳洞和打唇孔的传统，会佩戴耳饰和唇盘。"耳朵有洞"表示能够倾听别人说话，耳洞越大表示给予别人的尊重越多。

阿瓦部落

阿瓦部落曾经是一个完全的游牧民族。他们在森林中四处迁徙，在不同的地方安家。如今，只有少数阿瓦人继续在森林里过着迁徙的生活。他们拥有高超的手艺，能利用森林里的资源制作生活所需的物品，包括篮子、网、装饰品和狩猎装备。阿瓦人是优秀的猎手，他们使用手工制作的弓箭狩猎。他们会猎捕动物以获取食物，但同时也非常尊重这些动物。如果被射杀的动物是育有幼崽的雌性，他们通常会喂养其幼崽。

纳亚，水中之星

你听说过王莲的故事吗？知道这个故事是怎么来的吗？有人说，第一株王莲是从一个住在森林里的女孩身上长出来的。她的名字叫纳亚，她爱上了月亮。每天晚上，她都会看着月亮在夜空中忽明忽暗。纳亚追随着月亮，去到她能去的任何地方。她爬到树上，以便能离月亮更近一些。她登上山顶，伸出双手试图触摸月亮。

一天傍晚，纳亚在河边散步，她发现月亮闪烁着微光，在涟漪中轻轻摇摆着，仿佛在向她招手。她追赶着热情的月亮，但每次她伸手触碰，月亮都会散开，然后消失不见。她一次又一次地尝试，直到沉入水中再也没有浮上来。

月亮对纳亚深表同情，并决定赐予她新的生命。于是，她的手臂开始伸展、变宽，变成了宽大的叶子；她的背上长出了刺，以保护她的安全；她的头发向下缠绕，以便从河床吸取养分。每到黄昏，她的花瓣就会张开来迎接月光。

河流上的生活

船

在亚马孙河上，各种船只来来往往，有的轰鸣前进，有的加速向前，有的静静漂过。亚马孙河流域生活着3400多万人，他们大多居住在如贝伦这样的沿海城市，以及支流沿岸的小城镇和村庄。很多人通过河道出行，这也是他们获取食物和买卖货物的重要途径。

客运渡轮：如果你不想乘坐汽车或飞机，那你可以选择客运渡轮，它可以从河口直达秘鲁。

木筏：传统的独木舟和木筏由轻质木材制成。在秘鲁，人们会举办大型的亚马孙河木筏漂流大赛，每支参赛队伍由多人组成，在河上完成190千米的漂流。

快艇：用于沿河快速行驶，有时会被绑在大船上，等有需要时再解下。

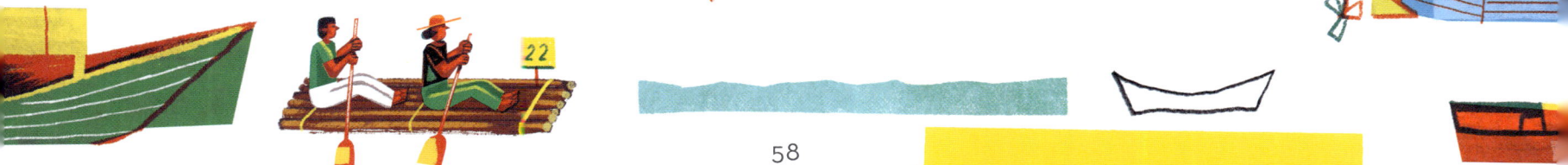

油轮：用于运输液体或天然气，拥有经过加固的双层底舱，能避免泄漏。

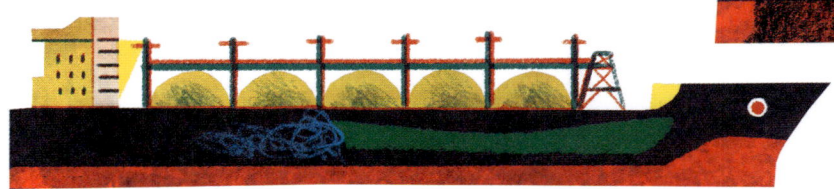

集装箱船：配备有起重机，可以在任意码头装卸货物。

小型货船：用于运输香蕉、猪、家具等货物。这些货物会被装在底舱，所以在甲板上，乘客可以躺在吊床上休息。

医疗船：医疗船载着医生和医疗用品在亚马孙河的上下游来回穿梭。这对于住在偏远村庄中的人们来说是非常有价值的。

驳船和顶推船：驳船上巨大的钢制集装箱里装满了谷物等粮食。一排排集装箱则由顶推船在水道上推上推下。

乌巴：一种独特的独木舟，由一根完整的树干制成。

捕鱼

亚马孙河对于沿岸居民的食物供给非常重要。人们捕获到的鱼，有的留作自己食用，有的拿去卖掉。集中捕鱼的水域被称为渔场。与海洋一样，过度捕捞也是亚马孙河生态面临的一个大问题。目前，当地管理部门已采取很多管理措施来管控人们捕鱼的方式和数量。

卡亚波渔民

弓箭捕鱼

在亚马孙河流域，很多人仍在使用一种古老的捕鱼技术——用弓箭捕鱼。捕鱼用的弓由轻木制成，很容易弯成半圆形。这种捕鱼方式一般适用于白天，需要极高的射箭技术和精准度。

渔网捕鱼

不同类型的渔网被用来捕捉不同的鱼类。

拉网：将这种网拉开横置于水流中，便可捕捉游经渔网的鱼。

撒网：将这种网撒开抛入水中便可捕鱼。渔网边缘系有承重物，能使网下落并沉入水中。

鱼叉捕鱼

鱼叉看起来像一根木制的长矛，叉刺上系着一条绳子。捕鱼时将鱼叉掷出，松开绳索，以叉刺刺向水中的鱼。这种鱼叉常被用来捕捉一些大型鱼类，如巨骨舌鱼。

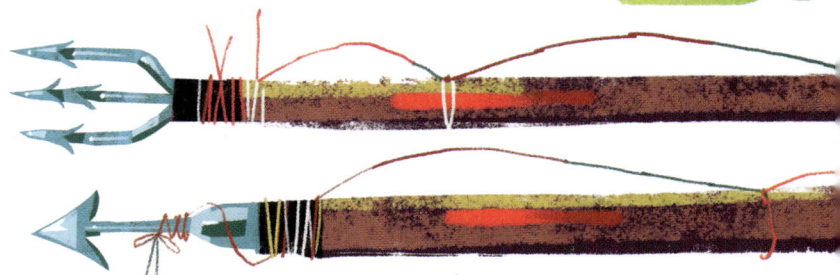

亚马孙城市

玛瑙斯是巴西亚马孙州的首府，位于亚马孙雨林的心脏地带。亚马孙河的两大支流——源自哥伦比亚森林的黑河与源自安第斯山脉的索里芒斯河交汇于此。黑河的黑水和索里芒斯河的白水在交汇处黑黄分明，成为一大景观。

玛瑙斯始建于 19 世纪 30 年代的橡胶狂潮期，最开始只是一个要塞小镇。如今，它已成为一座巨大的港口城市，从大西洋驶来的船只络绎不绝。这座城市拥有漂亮的歌剧院、植物园，以及重要的研究中心，比如巴西国家亚马孙研究所。

亚马孙地区的多数大城市，如玛瑙斯和伊基托斯，都坐落在黑水河（昆虫较少）和白水河（更适合捕鱼）之间。河岸边也分布着一些小城镇，它们都与水有着密切的关系。秘鲁有一个叫圣玛丽亚·德·奥贾尔的小镇，那里的房子是"漂浮"在水上的。在雨季，这些房子看上去就像直接建在水面上的一样；而到了旱季，你就会发现它们实际上是建在桩子上的。

水力发电

永远不要低估水的力量。它可以结成坚硬的冰块，也可以变成薄雾，甚至可以发电。在亚马孙河的上下游，人们建造了巨大的水坝来储存河水，用于发电以获得生产生活所需的能源。这种**可再生资源**产生的能源被称为绿色能源。

水坝后面积蓄了大量的水。放出少量的水，以驱动水轮机。

水坝

发电机

发电站

变压器

电网输送电力，以供民用和商用。

控制门

流入口

输水管道

水流带动水轮机的桨叶旋转，进而驱动发电机。

流出口

水力发电的原理

利用水发电称为水力发电。水必须急速流动才能发电，因此需要修建大坝把水储存起来。水被引入以驱动巨大的水轮机，然后发电机将水能转换为电能。

绿色能源就是环保的吗

修建水坝可能会淹没本不该被淹没的地区，这极大地破坏了河流系统的自然生态平衡。除了使动植物栖息地和人类居住地减少，水坝的修建还会阻断某些鱼类洄游的通道，相应地会影响那些以这些鱼类为食的动物。水电大坝对自然环境的破坏一直受到原住民部落和环保组织的批评和抵制，他们希望停止修建水坝。

危险的大坝

巴西的巴尔比纳大坝是为了给当地居民供电而修建的。但为了达到这个目的，人们被迫远离家园，搬到很远的地方。大片森林被淹没，动物未能从水里被拯救出来，树木只能留在水里腐烂。腐烂的植物会释放出甲烷和**二氧化碳**等温室气体，对环境造成破坏。为了获得电能而付出这样的代价是否值得呢？

亚马孙的危机

回顾前文，我们可以清晰地看到一条河流是如何连接万物的。表面上看，河流是跨越国界的水上公路，但实际上连接远不止于此。连接性是指每一个微小的事物都相互联系着，并相互影响。在这本书里，你可以看到树木、哺乳动物、昆虫和人类都以不同的方式与亚马孙河产生连接。即使不是生活在亚马孙河附近的人，也会因为世界性的气候而受到亚马孙河的影响。

伐木业

伐木业，即砍伐树木、出售木材的行业。它是亚马孙河流域森林被毁坏的主要原因。电锯和推土机已经摧毁了大片森林，被毁面积甚至比一些国家的面积还大。砍伐森林如同剥掉了地球的皮肤。

孤独的森林

大量砍伐树木会导致森林破碎化，即连续的森林被分割成许多较小的独立斑块。孤独的森林不是健康的森林。破碎化的森林对生活在其中的动植物的生存构成极大的威胁。

采矿和石油

　　除了树木，森林中还蕴藏着其他自然资源，如我们用作燃料的天然气和石油。为了开采金属矿藏，人们挖掘了巨大的矿井，在亚马孙河流域留下了很多泥泞不堪的空洞。人们还建造了石油管道，用于输送燃料。一旦这些管道破裂或发生泄漏，就会对周围的水资源和生物造成极大的伤害。

焚烧森林

　　为了给养牛业腾出空间，大片的森林被焚毁。2019 年，森林大火让数千千米外的巴西圣保罗市被黑烟笼罩，甚至下起了黑色的雨。亚马孙每分钟就有两片足球场大小的雨林消失。毁坏森林换来的土地主要被用来养牛和种植大豆。

气候活动家

目前，亚马孙的处境依然不容乐观。为了阻止河流被污染、抵制水电站乱建，人们一直在勇敢地抗争。原住民部落、慈善机构、救援组织、环保组织以及很多环保志愿者，都在发起抗议，并采取相关的保护措施，以阻止森林继续被砍伐。为了保护这片珍贵的土地，我们仍然有很多工作要做。重要的是，每个人都可以提供帮助，每个人都可以成为气候活动家。

为我们的权利而战

在巴西，原住民部落首领们一直在为保卫他们的家园而不断努力。"自由土地营"是巴西原住民参与的最大规模的维权活动。活动要求保护原住民的权益，保护森林和河流。原住民保护区的森林砍伐率远远低于国家公园。捍卫原住民的权利就是捍卫森林的权利。

全球抗议

2018 年，"星期五为了未来"气候保护活动被发起，数百万人响应号召，参与到抗议活动中，要求更好地保护气候，包括地球环境中至关重要的部分——亚马孙。气候活动家可以做很多事去促成积极的改变。而你可以选择发声支援，也可以用实际行动支持，或多或少，都有可能带来改变。

气候在改变
为什么我们
不呢？

为了我们
的未来

没有
第二个
地球

星期五
为了未来

2020 年，超过 7500 个城市的约 1.3 亿人（包括儿童和成人）参与了罢课和罢工。他们要求到 2030 年全面使用可再生能源。"星期五为了未来"活动支持 MAPA（受影响最严重的人们和地区），其中就包括依靠亚马孙河和雨林生存的人们。

世界之河

　　亚马孙河的故事不仅仅是一个水体的故事，它还是关于依靠亚马孙河生存的万物的故事。这里有3000多种鱼、1300多种鸟。雨林里有超过250万种昆虫和1.6万种树木。每种生物都依赖着它所属的自然系统：水、土壤、岩石、昆虫、鱼类和大型捕食者。这里的生物经过漫长的演化，变得非常独特，而且相互之间联系紧密。好像所有的生物都被一根细线连接着，轻微的移动或摇晃就会震动或扰乱所有与之相连的事物。你也是这个连接的一部分。

　　问问你自己：自然界对你来说是一个奇妙的世界吗？它值得被保护吗？生物灭绝是可以接受的吗？我们和自然界是否有更好的相处方式？面对这些看上去很宏大的话题，你可能会觉得自己太渺小了。但既然一滴水珠都可以奔腾于大河，那你也可以尽自己的努力做些什么吧。

词汇表

D

动物群落：特定生态系统中，在一定时间内某地域或生境中形成的由各种动物种群组成的集合体。

E

二氧化碳：煤炭、石油和汽油等化石燃料燃烧时释放的气体。

G

干流：同一水系内全部支流所汇入的河流。

H

河口：河流汇入海洋、湖泊、水库、干流的地方。

K

考古学家：专门从事挖掘古迹、古生物化石等一些与地层有关或是与古代历史文化有关的人士，是运用考古学知识进行研究的专家。

可再生资源：可以重新利用的资源，或者在短时期内通过天然作用再生更新从而为人类反复利用的资源，主要包括可再生生物资源、土地资源、水、气候资源等。

L

冷凝：气体或液体遇冷而凝结，如水蒸气遇冷变成水，水遇冷变成冰。

M

灭绝：某一物种或种群发生全球性的死亡和消失的现象。

R

软骨：构成鲨鱼等鱼类骨骼的坚韧而有弹性的组织。

S

生态系统： 一定空间中的生物群落与其环境组成的系统。

生物多样性： 一定地区的各种生物以及由这些生物所构成的生命综合体的丰富程度。

水循环： 地球上的水从地表蒸发，凝结成云，降水到径流，积累到土中或水域，再次蒸发，进行周而复始的循环过程。

T

特有种： 仅分布于某一地区或某种特有栖息地内，而不在其他地区自然分布的物种。

Y

涌潮： 潮波在河口传播过程中产生的波陡趋于极限而破碎的潮水暴涨现象。

原住民： 一个地方最早的居民及其后代，通常拥有独特的、代代相传的文化。

源头： 河流发源的地方。它可能是融雪、冰川或者地下泉。

Z

征服者： 本书特指16世纪征服墨西哥和秘鲁的西班牙人。

蒸腾作用： 水分从活的植物体表面（主要是叶子）以水蒸气状态散失到大气中的过程。

支流： 直接或间接流入干流的河流。

植物群落： 生活在一定范围内并相互作用的全部植物种类的集合体。

殖民者： 通过暴力等不合法手段侵占他国或地区领土的人。殖民原指强国向其所征服的地区移民。在资本主义时期，指资本主义国家把经济政治势力扩张到不发达的国家或地区，掠夺当地各种资源和奴役当地的人民。

关于著者和绘者

[英]桑格玛·弗朗西斯 著

2019 年夏天，为了写这本书，我有幸来到亚马孙河。这是一次令我终生难忘的经历。茫茫林海，密密层层，充满生机。我看到了跟我的手掌一样大的蜘蛛，在河中畅游的粉色河豚，黑暗中闪闪发光的真菌，蛇、鬣蜥和猴子。每天早上，都有鸟儿叽叽喳喳地跟我打招呼。我们的船在奎利亚斯支流上漂流，洪水淹没了那里的树木。我们一边缓慢航行，一边与生态学家、艺术家和植物学家交谈。教授们向我们讲述了亚马孙令人惊奇的地方，以及它脆弱的一面。尽管我以前就知道很多关于亚马孙的知识，但现在我认为它最重要的身份是——家园。它是昆虫、鸟类、豹子、蛇的家园，同时也是数千万人的家园。在这本书中，我尽力做到客观、公正地描述这个家园。

我要感谢来自亚马孙艺术沉浸项目 Labverde、巴西国家亚马孙研究所和阿道夫·杜克保护区的组织人员。还要特别感谢参与本书制作的每一个人，感谢出版社对我研究工作的支持，感谢编辑、设计师和团队的所有成员。同样感谢罗穆卢斯，他绘制的插图是艺术品，配得上伟大的亚马孙。

桑格玛·弗朗西斯是一位童书作家，作品包括《珠穆朗玛》和"……的秘密生活"系列等。不写作的时候，她常常去湖泊、河流和海洋中游泳。

74

[巴西] 罗穆卢斯·迪波利托 绘

当我开始为这本书绘制插图的时候，我还肩负着另一项令人愉快的任务：把广场上的一块空地改造成一个种植本地植物的社区菜园。那时候是巴西的冬天，而我似乎看到了这两个项目会在接下来的季节里开花结果。在我的工作室里，我看着画纸上慢慢出现五颜六色的鸟和鱼、长着斑点的豹子和蛇、各种绿色植物，当然还有大量的河水。在室外，在那片沉睡的土地上，我看到了蜜蜂和蜂鸟围着第一批开出来的南瓜花盘旋，西红柿和菜豆的根系遍布整片空地，两棵百香果藤爬上了两把旧扫帚。这两次经历指引我去思考播种和收获的意义，以及我能为我想要的未来雨林做些什么。抛开政治和地理界限，我认为亚马孙是一种理念，我们每个人都可以将其像种子一样播撒出去。

我很荣幸能与这支才华横溢的团队一起工作。特别感谢莉莉·哥特瓦尔德和萨图·海梅纳霍·福克斯，他们陪伴我完成了这本书的每一页插图。还要感谢桑格玛·弗朗西斯，她与我分享了在亚马孙河沿岸愉快的探险之旅。

罗穆卢斯是一位屡获大奖的巴西艺术家和插画家。2018 年，他的作品入选了伊比利亚美洲官方目录（墨西哥）。2019 年，他获得了金风车国际青年插画家大赛（上海）特别提名奖。他经常在周日去社区菜园，和他的朋友们和棕腹鸫（巴西东南部常见的鸟类）待在一起。

同系列作品

《珠穆朗玛》

[英]桑格玛·弗朗西斯 著 Lisk Feng 绘

这里是群山会集之地，是地球上最高的地方，是攀登者的终极挑战，是高耸的萨迦玛塔（尼泊尔人对珠穆朗玛的称呼，意为"天空女神"）……

欢迎来到珠穆朗玛。

在这本令人叹为观止的书中，我们将回溯珠穆朗玛的古老起源，了解其南北坡的动植物群落，并探索其丰富的历史和文化。

《大堡礁》

[英]海伦·斯凯尔斯 著 Lisk Feng 绘

在澳大利亚与辽阔的太平洋交汇的海域，生长着世界上最著名的珊瑚礁群。成群结队的鱼在五彩缤纷的珊瑚间穿梭，章鱼躲在黑暗的角落里，鲨鱼在清澈的上层水面巡逻。

欢迎来到大堡礁。

在这本绝妙的科普绘本中，我们将一起领略这片广袤的水下宝库的风采。我们会见到生活在其中的生物，还将认识那些探索和研究大堡礁的科学家们，并了解与这一自然奇观共存数千年的原住民的历史与文化。

图书在版编目（CIP）数据

亚马孙河 / (英) 桑格玛·弗朗西斯著；(巴西) 罗穆卢斯·迪波利托绘；王建明译. -- 福州：海峡书局，2025.2. -- ISBN 978-7-5567-1263-2

Ⅰ. K977.04-49

中国国家版本馆CIP数据核字第2024AF6279号

Originally published in the English language as *The Amazon River* © Flying Eye Books 2021
Illustrations © Rômolo D'Hipólito 2021.
Text © Sangma Francis 2021.
Rômolo D'Hipólito and Sangma Francis have asserted their right under the Copyright, Designs and Patents Act, 1988, to be identified as the Illustrator and Author of this Work.

本书中文简体版权归属于银杏树下（上海）图书有限责任公司
著作权合同登记号：图字：13-2024-045号
审图号：GS京（2024）1845号

出版人：林 彬
选题策划：北京浪花朵朵文化传播有限公司
出版统筹：吴兴元
编辑统筹：彭 鹏
责任编辑：廖飞琴 俞晓佳
特约编辑：陆 叶
营销推广：ONEBOOK
装帧制造：墨白空间·闫献龙

亚马孙河
YAMASUNHE

著　　者：[英] 桑格玛·弗朗西斯
绘　　者：[巴西] 罗穆卢斯·迪波利托
译　　者：王建明
出版发行：海峡书局
地　　址：福州市白马中路15号海峡出版发行集团2楼
邮　　编：350004
印　　刷：河北中科印刷科技发展有限公司
开　　本：640 mm×1000 mm　1/8
印　　张：10
字　　数：110千字
版　　次：2025年2月第1版
印　　次：2025年2月第1次印刷
书　　号：ISBN 978-7-5567-1263-2
定　　价：108.00元

官方微博：@浪花朵朵童书
读者服务：reader@hinabook.com 188-1142-1266
投稿服务：onebook@hinabook.com 133-6631-2326
直销服务：buy@hinabook.com 133-6657-3072